AF542245

20 avril 1914

ANTIQUITÉS

DE SYRIE, GRÈCE ET PERSE

Beaux Verres Romains Irisés

Terres cuites et Marbres Romains, Grecs et Egyptiens

BELLES FAÏENCES DE FOUILLES

Rakka, Rhagès, Sultanabad et à reflets métalliques

POTICHES, BOLS, CUVETTES, PLATS et ASSIETTES

Manuscrits enluminés, Miniatures, Laques et Bronzes

BRODERIES, SOIERIES, VELOURS ET TOILES IMPRIMÉES

Beaux Tapis de Perse et d'Orient

DONT LA **VENTE** AURA LIEU

HOTEL DROUOT - SALLE N° 11

Le Lundi 20 et le Mardi 21 Avril 1914

à 2 heures précises

COMMISSAIRE-PRISEUR :	EXPERT-ANTIQUAIRE :
Me G. FRANÇOIS	**M. E. D. PIGNATELLIS**
23, Rue Le Peletier, 23	*10, Rue de Montpensier, 10*

CHEZ LESQUELS SE DISTRIBUE LE CATALOGUE

EXPOSITION PUBLIQUE

A L'HOTEL DROUOT, le Dimanche 19 Avril 1914, de 2 h. à 6 h.

NOTA. — Les TAPIS et BRODERIES seront vendus le Mardi 21 Avril, à 4 h. 30

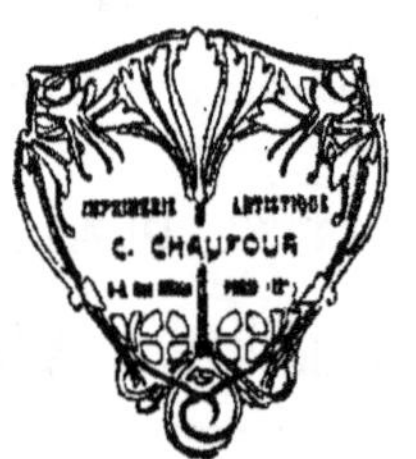
C. CHAUFOUR

CONDITIONS DE LA VENTE

La vente sera faite expressément *au comptant*.

Les acquéreurs paieront **dix pour cent en sus** *des prix d'adjudication*.

M E. D. Pignatellis, expert, assistera à l'Exposition publique et se tiendra à la disposition de MM. les amateurs qui auraient un renseignement à lui demander ou des ordres d'achat à lui confier.

L'ordre des vacations sera suivi.

ORDRE DES VACATIONS

Lundi 20 Avril 1914

Verres irisés et colliers	Nos	1 à 68
Antiquités romaines, grecques et égyptiennes		69 à 89
Faïences de fouilles de Syrie, **3 h. 30**.		90 à 99
Faïences de fouilles de Perse		100 à 170
Potiches, bols, plats et assiettes		247 à 295
Objets divers		412 à 440

Mardi 21 Avril 1914

Potiches, bols, cuvettes, plats et assiettes	286 à 321
Faïences de fouilles de Perse	171 à 242
Etoiles et plaques de revêtement	243 à 246
Laques, miniatures et manuscrits	322 à 359
Bronzes de Perse	360 à 368
Tapis de Perse et d'**Orient** à **4** h. **30**	369 à 395
Broderies, soieries, toiles imprimées	396 à 411

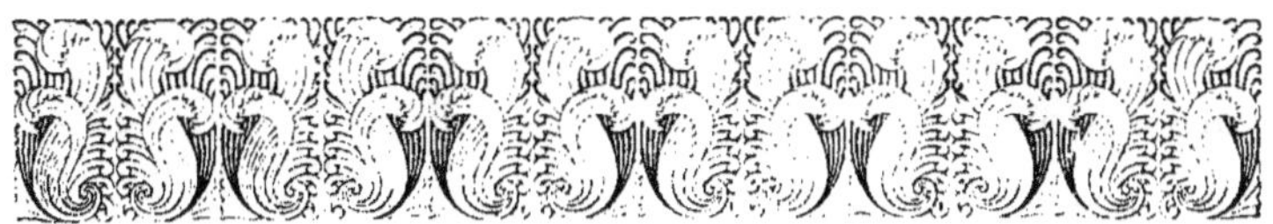

DÉSIGNATION

VERRES IRISÉS ET COLLIERS

DE FOUILLES DE SYRIE

1 — Petit *flacon* irisé.

Haut. : 0m065.

2 — *Bouteille* piriforme, goulot long, irisée.

Haut. : 0m12.

3 — Trois minuscules *flacons à parfums* pomiformes. Magniquement irisés.

4 — Trois *bracelets* bleus irisés.

5 — *Bouteille* piriforme, irisation argentée.

Haut. : 0m11.

6 — *Flacon à parfum* forme clochette, goulot très long, irisé.

Haut. : 0m15.

7 — *Flacon* à cannelures verticales sur la panse, verre épais, irisation bleue-mauve.

Haut. : 0m07.

8 — Deux beaux *bracelets* bleus, irisés.

9 — *Flacon* pomiforme, décor quadrilatéral en relief sur la panse, irisé.

Haut. : 0m10.

10 — Charmant minuscule *bol* bien irisé.

11 — Deux *bracelets* bleu, bien irisés.

12 — Deux *flacons* piriforme et pomiforme grenat, irisation multicolore.

Haut. : 0m09.

13 — *Flacon* pointu, irisation multicolore.

Haut. : 0m12.

14 — *Flacon* pomiforme, irisation argentée.

Haut. : 0m11.

15 — *Gobelet* verre jaunâtre, bien irisé.

Haut. : 0m15.

16 — Deux *flacons*, l'un formé de deux masques, et l'autre piriforme orné d'épines, irisation nacrée.

Haut. : 0m07.

17 — Deux *bouteilles* piriforme et pomiforme, long col, irisées.

Haut. : 0m15.

18 — Beau *lécythe* pomiforme, goulot évasé, irisation multicolore

Haut. : 0m18.

19 — *Vase* pomiforme, cannelures verticales sur la panse, irisation multicolore.

Haut. : 0m06.

20 — Bel *amphorisque*, irisation nacrée argentée.

Haut. : 0m12.

21 — Beau *lécythe* sphérique, embouchure treflée, cannelures circulaires sur la panse. Irisation argentée.

Haut. : 0m12.

22 — Charmante *bouteille* piriforme, goulot évasé. Superbe irisation verte, mauve multicolore.

Haut. : 0m10.

23 — Belle *bouteille* pomiforme, goulots à bords larges. Magnifique irisation verte multicolore.

Haut. : 0m09.

24 — Charmante *bouteille* pomiforme, goulot peu évasé. Superbe irisation verte, multicolore, rouge feu.

Haut. : 0m08.

25 — Charmante petite *bouteille* piriforme, décor quadrilatéral en relief. Superbe irisation verte multicolore.

Haut. : 0m066.

26 — Superbe *œnochoé* sphérique. Magnifique irisation argentée.

Haut. : 0m12.

27 — Beau *flacon* pomiforme. Irisation argentée.

Haut. : 0m10.

28 — *Amphore* sphérique. Irisation argentée.

Haut. : 0m08.

29 — *Bouteille* piriforme, goulot bien évasé, cannelures en spirale sur la panse.

Haut. : 0m13.

30 — *Lécythe* cylindrique, verre brun.

Haut. : 0m17.

31 — Deux *bols* irisés.

Haut. : 0m07 et 0m08.

32 — Trois longs *flacons* irisés.

33 — Deux *flacons* pomiformes irisés.

34 — Magnifique **flacon** pomiforme, irisation extra-multicolore rouge feu. Très belle pièce de collection.

Haut. : 0m08.

35 — *Flacon* pomiforme. Belle irisation multicolore.

Haut. : 0m06.

36 — *Bouteille* pomiforme, goulot évasé, cannelures verticales sur la panse. Irisation multicolore nacrée.

Haut. : 0m11.

37 — *Omont*. Irisation multicolore.

Haut. : $0^{m}125$.

38 — *Flacon* arabe, ornements en relief sur la panse.

Haut. : $0^{m}06$.

39 — *Flacon* pomiforme irisé.

Haut. : $0^{m}07$.

40 — *Flacon* cylindrique pâte de verre grise. Irisation nacrée.

Haut. : $0^{m}10$.

41 — *Bol*. Irisation argentée.

Diam. : $0^{m}08$.

42 — *Flacon* pomiforme. Irisation multicolore.

Haut. : $0^{m}06$.

43 — *Bouteille* pomiforme, long goulot. Irisation mullicolore.

Haut. : $0^{m}12$.

44 — *Lécythe* pomiforme, verre grenat. Irisé.

Haut. : $0^{m}011$.

45 — *Lécythe*, embouchure tréflée. Irisation argentée.

Haut. : $0^{m}09$.

46 — Belle *bouteille* piriforme, goulot évasé, cannelures en spirale sur la panse, verre grenat. Irisation multicolore.

Haut. : $0^{m}11$.

47 — Superbe *bouteille* piriforme, six appendices sur la panse. Irisation extra, multicolore.

Haut. : $0^{m}10$.

48 — *Flacon* pomiforme, goulot évasé. Irisation multicolore.

Haut. : $0^{m}08$.

49 — Deux *bracelets* grenat irisés.

50 — *Flacon* pomiforme, grappe de raisin. Belle irisation nacrée.

Haut. : $0^{m}07$.

51 — *Flacon* pomiforme. Irisation argentée.

Haut. : $0^{m}09$.

52 — *Flacons-jumeaux*, ornements en relief. Irisation multicolore.

Haut. : $0^{m}10$.

52 *bis* — *Gobelet arabe* irisé.

53 — Beau *flacon* piriforme, cannelures en spirale sur la panse. Belle irisation multicolore.

Haut. : 0m10.

53 *bis* — Trois *flacons* irisés.

54 — *Collier* en perles mosaïques assorties.

54 *bis* — *Flacon* pomiforme.

55 — *Collier* en perles cornaline assorties.

56 — *Collier* en perles assorties.

57 — *Collier* en perles pâte de verre irisées.

58 — *Collier* en perles pâte de verre irisées.

59 — *Collier* en perles assorties.

60 — *Collier* en perles assorties.

61 — Loi de *quatre-vingt perles* pâte de verre, etc.

62 — Trois minuscules *masques* en pâte de verre.

63 — Deux *cylindres* assyriens.

64 — Quatre *colliers* en petites perles, pierre et verre.

64 *bis* — Quatre *colliers* en petites perles, pierre et verre.

65 — Quatre *colliers* en petites perles, pierre et verre

65 *bis* — *Collier* en perles mosaïques, pâte de verre.

66 — *Collier* en énormes perles, pierre et mosaïque.

67 — *Collier* en perles jade.

67 *bis* — Deux *colliers* ambre.

68 — Trois pièces mosaïque, pâte de verre : *boule*, *flacon* et *rouleau*.

ANTIQUITÉS ROMAINES, GRECQUES
ÉGYPTIENNES, ETC.

69 — *Jupiter Sérapis*, petit buste en albâtre.

70 — *Bas-relief* représentant un jeune homme. Marbre.
0m77 sur 0m40.

71 — *Tête d'homme* barbu, grandeur naturelle. Terre cuite.

72 — *Fragment de bas-relief* représentant une femme. Marbre.

73 — Énorme *tête*. Granit noir.

74 — Deux grands *vases* coptes. Terre cuite.
Haut. : 0m28 environ.

74 *bis* — Trois petits *vases* coptes. Terre cuite.

75 — *Petit torse d'homme*, marbre.
Haut. : 0m32.

76 — *Petit torse de femme* drapée, marbre.
Haut. : 0m40.

77 — *Fragment de bas-relief*, sujet femme, marbre.

78 — *Médaillon d'homme* barbu, marbre.

79 — *Tête de femme* grandeur naturelle, marbre.

80 — *Masque de Scipion* avec le casque, marbre.
Haut. : 0m40.

81 — *Petit torse de jeune homme*, marbre.
Haut. : 0m38.

82 — *Tête de guerrier*, marbre.

83 — *Masque de femme*, marbre.

84 — *Masque d'enfant*, marbre.

85 — *Grande tête de lion*, fragment en marbre.

86 — *Rhyton*, figure de femme. Terre cuite.

86 *bis* — *Statuette* de jeune homme. Bronze.

87 — *Statuette* drapée. Terre cuite.

87 *bis* — Deux *statuettes* : Femme tenant un seau et jeune fille sur un rocher.

Hart. : 0m24.

88 — *Petite tête* de femme. Pierre tendre.

89 — Deux pièces : Petit *buste*, modèle en pierre calcaire et *petite tête* de jeune homme en marbre.

FAIENCES RAKKA DE FOUILLES DE SYRIE

90 — *Vase* à reflets métalliques irisés.

90 *bis* — Trois petits *bols* irisés.

91 — Grand *bol* turquoise, décor en relief à l'extérieur.

91 *bis* — Deux petits *bols* irisés.

92 — Deux *bols* à reflets métalliques.

92 *bis* — Trois pièces : *bonbonnière* et deux petits *bols* irisés.

93 — Deux *bols Rakka*, décor noir et bleu sur fond crème irisé.

94 — *Œnochoé* turquoise, bien irisée.

95 — *Vase*, rayures verticales noires et bleues sur fond turquoise.

96 — Deux *amphores* turquoise irisés.

97 — *Vase* cylindrique, décor noir sur fond turquoise irisé.

98 — *Bol* crème irisé.

99 — *Plat*, décor noir sur fond turquoise irisé.

FAIENCES DE FOUILLES DE PERSE

100 — *Bol Rey*, décor noir et bleu sur fond turquoise.

101 — *Bol-œnochoé* à trois anses, *Rey*, turquoise, décor gravé.

102 — *Bol Rey*, décor rayures bleues sur fond crème irisé.

103 — *Bol Rey*, décor bleu et noir et inscription arabique sur fond crème.

104 — *Bol* mauve clair.

105 — *Vase-rouleau* mauve clair, cannelures verticales, en relief sur la panse.

106 — Petit *bol* bleu clair, décor gravé.

107 — *Bol* à reflets métalliques.

108 — *Bol Guébry* vert.

109 — Deux faïences turquoises : *bol* et *vase à anse*.

110 — *Bol* turquoise.

111 — Petit *vase-rouleau* turquoise, irisé.

112 — *Bol* tricolore avec belles irisations.

113 — Deux petits *bols* blanc et crème.

114 — Petit *bol* turquoise.

115 — *Bol* pourpre.

116 — *Bol* turquoise.

117 — *Bol Guébry*, décor rayures vertes sur fond crème.

118 — Petit *vase* à six anses *Guébry*, vert irisé.

119 — *Bol* turquoise.

120 — Deux petites faïences : *soucoupe* lapis et *encrier* à décor vert sur fond noir.

121 — Beau *bol*, décor bleu, arbuste et dessins sur fond crème irisé. A l'extérieur, décor marron et bleu.

122 — Petit *bol* turquoise, belle forme rose.

123 — *Carafe* turquoise, goulot évasé, forme rose, décor gravé sur la panse.

124 — Beau *bol Rhagès*, décor polychrome.

125 — *Assiette Rey*, beau décor bleu et noir sur fond turquoise. Bien irisé.

126 — Petit *bol* profond lapis clair.

127 — Petit *bol* lapis clair, décor gravé.

128 — *Carafe* turquoise.

129 — Petit *bol* tricolore à reflets métalliques, décor sujets deux personnages.

130 — *Bol à jours*, décor quatre rayures bleues sur fond crème.

131 — *Bol Rey*, décor vert et inscription coufique sur fond noir.

132 — Beau *bol*, décor bleu et noir, poissons et dessins sur fond turquoise.

133 — *Assiette Guébry* turquoise.

134 — *Bol*, décor rayures vertes sur fond noir.

135 — Petit *bol Rey*, décor bleu et noir, oiseau et dessins sur fond blanc, avec belles irisations.

136 — *Bol*, décor noir sur fond vert turquoise.

137 — *Bol Arag*, décor vert, bleu et noir, animal et dessin, sur fond crème.

138 — *Vase* à anse turquoise irisé.

139 — *Bol Rhagès*, décor polychrome, sujets quatre personnages et inscriptions coufiques sur fond blanc.

140 — *Bol Arag*, décor vert, bleu et noir, sujets animal et dessins, sur fond crème.

141 — *Bol Rhagès*,, décor polychrome, sujets le Roi et la Reine et inscriptions coufiques, sur fond blanc.

142 — Petit *bol Rhagès*, décor polychrome sujets cavalier, personnages, oiseaux, dessins et inscriptions coufiques sur fond blanc.

143 — *Assiette Rhagès*, décor polychrome sujets cavaliers et inscription coufique sur fond crème.

144 — *Bol Rey*, décor bleu et noir sur fond blanc irisé.

145 — Petit *bol* bleu à reflets métalliques, décor sujets deux oiseaux.

146 — *Vase* cylindrique, rayures vertes sur noir.

147 — Deux *bols* minuscules, bleuâtre et crème.

148 — *Vase* à anse turquoise, inscription coufique en relief.

149 — Petit *vase* à anse vert à reflets métalliques.

150 — Trois petits *vases*, lapis, turquoise irisé et turquoise à décor noir.

151 — *Vase Guébry* vert irisé.

152 — *Vase* à anse turquoise.

153 — Trois *bols* minuscules.

154 — Petite *œnochoé*, décor rayures verticales bleues sur la panse, sur fond crème irisé.

155 — *Bol* turquoise, décor gravé.

156 — *Bol Rey*, décor noir sur fond turquoise.

157 — *Bol* à reflets métalliques.

158 — *Bol*, décor bleu et noir et inscription arabique sur fond crème irisé.

159 — *Bol* bleu, décor gravé.

160 — *Bol Rakka*, décor polychrome sur fond verdâtre.

161 — Petit *bol*, décor bleu et noir sur fond crème.

162 — *Bol* turquoise irisé.

163 — Deux petits *bols*, turquoise et crème.

164 — *Bol Sultanabad*, décor polychrome et doré sur fond bleu.

165 — *Bol-œnochoé* à trois anses turquoise.

166 — *Vase* à anse, décor vert sur fond noir.

167 — *Bol* profond à six anses, à l'intérieur émail turquoise.

168 — *Bol Guébry* crème, décor gravé sujets trois oiseaux.

169 — Grand *bol Guébry* crème, décor gravé, au fond oiseau en relief.

170 — *Bol Guébry*, décor points marron sur fond crème.

171 — *Lampe Guébry* verte à deux anses forme oiseaux, cinq veilleuses et six becs.

172 — *Plaque de revêtement* à reflets métalliques, inscription arabique en relief.

173 — Panneau de *cinq étoiles* à reflets métalliques et *quatre croix* turquoise.

174 — Lot d'*étoiles de revêtement* en mosaïque.

174 *bis* — Lot de *fragments de plaques* de revêtement.

175 — Grand *plat Rey*, déeor noir et inscription arabique sur fond turquoise.

176 — Grand *plat Rey*, décor noir et inscriptions arabiques sur fond turquoise.

177 — *Bol* à reflets métalliques.

177 *bis* — Deux *couronnes Rey* turquoise, décor en relief.

178 — Petit *bol* à reflets métalliques.

178 *bis* — Petit *bol* à reflets métalliques, décor sujets deux personnages.

179 — Petit *bol* tricolore à reflets métalliques.

180 — Petit *bol*, décor noir sur fond turquoise.

181 — Petit *bol*, décor noir sur fond turquoise.

182 — Deux petites faiences turquoise : *Œnochoé* et *bol*.

183 — *Bol* turquoise, décor en relief à l'extérieur.

184 — *Bol Guébry* jaune.

185 — *Bol Guébry* crème.

186 — *Bol*, décor noir sur fond turquoise.

187 — *Bol Rey*, décor varié.

188 — *Bol* turquoise, à l'extérieur décor en relief.

189 — *Bol Rhagès*, décor polychrome, sujets personnages.

190 — Petit *bol* lapis clair, décor gravé.

191 — Petit *bol* turquoise.

192 — Deux *fonds de bols*, un *Rhagès*, décor polychrome, sujet cavalier et un à reflets métalliques, décor sujet personnage.

193 — Minuscule *bol Rey*, décor quatre rayures bleues sur fond crème.

194 — *Fond de plat* à reflets métalliques, décor sujet personnage.

195 — Petit *bol*, décor noir sur fond mauve clair. Irisé.

196 — *Bol Rhagès*, décor polychrome sur fond turquoise. Bien conservé.

197 — *Bol* lapis clair, décor gravé.

198 — Deux *bols* à reflets métalliques, décor sujets oiseaux et dessins.

199 — Petit *bol*, décor quatre rayures bleues sur fond crème.

200 — *Bol* turquoise, décor gravé. Bien conservé.

201 — Beau *bol Rey*, décor bleu et noir et inscription arabique sur fond crème. Bien irisé.

202 — *Carafe* crème, décor en relief et cinq rayures verticales bleues sur la panse.

203 — Petite *œnochoé Rey*, décor vert et inscription arabique sur fond noir.

204 — Petite *œnochoé* turquoise.

205 — Petit *brûle-parfums* à quatre pieds, lapis.

206 — Minuscule *bol* à reflets métalliques, décor sujet oiseau.

207 — *Bol Guébry* jaune, décor gravé.

208 — *Bélier* turquoise.

209 — *Vase à anse* lapis, décor gravé.

210 — Petit *bol* bleu, décor gravé.

211 — *Bol* bicolore à reflets métalliques forme rose.

212 — *Bol* pourpre, décor gravé inscription coufique.

213 — Petit *bol* bleu décor gravé.

214 — *Bol* bicolore à reflets métalliques.

215 — *Vase à anse* turquoise.

216 — *Assiette* turquoise.

217 — *Bol* pourpre.

218 — *Bol Guébry* réséda.

219 — *Vase à anse* terre cuite, décor en relief, sujets figures, oiseaux et dessins.

220 — Petit *bol* profond turquoise.

221 — Deux petits *bols* turquoise.

222 — *Bol Guébry*, décor marron et gravé sur fond verdâtre.

223 — Grand *vase* terre cuite, décor gravé, sujets deux lions et inscription coufique.

224 — Petit *bol*, décor cinq rayures bleues sur fond crème.

225 — Deux petites *œnochoés* turquoise et à reflets métalliques.

226 — Grand *Bol Rey* turquoise.

227 — *Œnochoé* turquoise, décor gravé.

228 — *Carafe* turquoise, décor en relief.

229 — *Bol Guébry*, décor noir sur fond crème.

230 — *Bol Rey*, décor noir et bleu et inscription arabique sur fond crème avec belles irisations.

231 — Grand *bol Guébry* crème, décor gravé, sujet oiseau.

232 — Deux *bols* : *Guébry* polychrome et petit *Rey* vert, décor gravé.

233 — *Bol Guébry*, décor vert sur fond crème.

234 — Petit *bol* bicolore à reflets métalliques.

235 — *Bol Guébry*, décor jaune sur fond réséda.

236 — Lot d'*étoiles* en mosaïque.

237 — Lot de *fragments de plaques* de revêtement.

238 — *Carreau*, inscription en mosaïque.

239 — *Bol Rey*, décor varié.

240 — *Bol Rey* irisé.

241 — *Bol Rey* turquoise.

242 — *Bol Rey*, décor varié.

ÉTOILES & PLAQUES DE REVÊTEMENT

243 — Deux *plaques* polychromes : Cavaliers en relief.

244 — Deux *étoiles* polychromes : Animaux et fleurs.

245 — Deux *étoiles* à reflets métalliques.

246 — Grande *plaque de revêtement*, décor polychrome en relief, sujets oiseau, fleurs et dessins.

POTICHES, ASSIETTES, PLATS CUVETTES, BOLS ET LAMPES DE PERSE

247 — Belle et grande *potiche*, décor bleu, sujets personnages, animaux, fleurs et feuillage sur fond orange.

248 — *Potiche*, décor bleu sur fond crème.

249 — *Œnochoé*, décor polychrome sur fond blanc.

250 — Petite *potiche*, décor noir sur fond turquoise.

251 — Petite *potiche*, décor bleu sur fond blanc.

252 — Petite *potiche*, décor noir sur fond turquoise.

253 — Belle *potiche*, décor noir sur fond turquoise.

253 *bis* — Petit *bol*, décor noir sur fond bleu turquoise.

254 — *Potiche*, décor noir sur fond turquoise.

254 *bis* — *Bol*, décor bleu et noir, sujets oiseau et dessins, sur fond blanc.

255 — Belle *potiche*, décor noir et bleu sur fond blanc.

256 — *Potiche*, décor bleu sur fond crème marron.

256 *bis* — Petite *potiche*, décor polychrome sur fond crème.

257 — Deux *potiches*, décor vert et noir sur fond blanc et décor bleu sur fond blanc.

258 — Deux *potiches*, décor bleu sur blanc.

258 *bis* — Petite *potiche*, décor noir sur fond turquoise.

259 — Deux petites *potiches*, décor noir sur fond turquoise et décor bleu et noir sur fond blanc.

259 *bis* — Deux pièces : *Brûle-parfum* et *œnochoé*, décor polychrome.

260 — Deux petites *potiches*, décor noir sur fond turquoise et décor bleu et noir sur fond blanc.

260 *bis* — *Théière*, décor polychrome sur fond blanc.

261 — Deux petites *potiches*, décor bleu sur crème et décor bleu et noir sur crème.

262 — *Potiche*, décor noir sur fond turquoise.

263 — Petite *potiche*, décor noir sur fond turquoise.

264 — Grande *potiche*, décor noir sur fond turquoise.

265 — *Potiche*, décor noir et bleu sur fond blanc.

266 — *Potiche*, décor noir sur fond turquoise.

267 — Deux petites *potiches*, décor noir sur fond turquoise.

268 — Deux *potiches*, décor bleu et marron sur fond blanc et décor vert et noir sur fond blanc.

269 — Deux *potiches*, décor bleu sur fond blanc et décor bleu et noir sur fond blanc.

270 — Petite *potiche*, décor noir sur fond turquoise.

271 — Deux petites *potiches*, décor bleu sur fond blanc et décor bleu et noir sur fond blanc.

272 — Deux *potiches*, décor polychrome sur fond crème et décor bleu et noir sur fond blanc.

273 — *Potiche*, dccor bleu sur fond crème.

274 — Deux pièces : *brûle-parfum* et *œnochoé*, décor noir sur fond turquoise.

275 — Deux *lampes*, décor noir sur fond turquoise.

276 — Deux *lampes*, décor noir sur fond turquoise.

277 — Deux *lampes*, décor noir sur fond turquoise.

278 — Trois petites *lampes*, décor noir sur fond turquoise.

279 — Grande *lampe* à quatorze becs, décor noir sur fond turquoise.

280 — Deux *lampes*, une turquoise et une à décor noir sur fond turquoise.

281 — Deux pièces : *théière*, décor bleu et noir sur fond blanc et *œnochoé*, décor noir sur fond turquoise.

282 — *Potiche*, décor noir et bleu sur fond blanc.

283 — *Gourde* émaillée verdâtre.

284 — *Potiche*, décor bleu sur fond crème marron.

285 — *Carafe*, décor bleu sur fond blanc.

286 — Deux pièces : *carafe*, décor marron et bleu sur fond blanc et *coupe* à pied, décor bleu sur fond blanc.

287 — Deux petites *potiches*, décor bleu sur fond crème.

288 — *Carafe*, décor bleu sur fond blanc.

289 — Deux toutes petites *potiches*, décor noir sur fond turquoise et décor bleu sur fond b'anc.

290 — Deux *vases à fleurs*, décor jaune sur fond blanc et décor bleu et noir sur fond blanc.

291 — Deux pièces : *Brûle-parfum*, décor vert et crème sur fond jaunâtre et petite *potiche*, décor bleu et noir sur fond blanc.

292 — Deux pièces : *Œnochoé*, décor noir sur fond turquoise et *brûle-parfum* marron clair.

293 — Petite *potiche* turquoise.

294 — Grande et belle **cuvette**, décor bleu, sujets animal et feuillage sur fond blanc.

295 — Enorme **plat** émaillé kaki clair.

296 — Enorme **plat** émaillé turquoise.

297 — Grand **bol** émaillé, à l'intérieur mauve clair et à l'extérieur kaki.

298 — Grand **bol** émaillé turquoise.

299 — Enorme **plat** émaillé turquoise.

300 — Enorme **cuvette**, décor bleu et noir, fleurs sur fond blanc.

301 — Enorme **cuvette**, décor bleu, sujets animaux et feuillage sur fond blanc.

302 — Enorme **cuvette**, décor noir et bleu, fleurs sur fond blanc.

303 — Grane *plat*, décor polychrome, sujets château, animaux personnages et feuillage sur fond blanc.

304 — *Plat*, décor noir, sujets oiseaux et dessins sur fond turquoise.

305 — *Assiette*, décor polychrome sur fond blanc.

306 — Deux *assiettes*, décor bleu sur fond blanc.

306 *bis* — *Assiette*, décor noir et bleu sur fond blanc.

307 — Deux *assiettes*, décor noir et bleu sur fond blanc.

307 *bis* — *Assiette*, décor noir et bleu sur fond blanc.

308 — Deux *assiettes*, décor bleu sur fond blanc.

309 — Deux *assiettes*, décor bleu et noir sur fond blanc.

310 — Deux *assiettes*, décor bleu sur fond blanc.

311 — Deux *assiettes*, décor bleu et noir sur fond blanc.

312 — Deux *assiettes*, décor bleu sur fond blanc.

313 — Deux *assiettes*. décor bleu sur fond blanc.

314 — *Bol*, décor bleu et noir sur blanc. A l'extérieur, dessin polychrome.

315 — *Bol à jour*, décor bleu et noir sur fond blanc.

316 — *Bol à jour*, décor bleu sur fond blanc.

317 — *Bol à jour*, décor bleu et noir sur fond blanc.

318 — *Narghilé*, décor bleu sur fond crème verdâtre.

319 — Petite *potiche* turquoise, décor en relief.

320 — *Vase à fleurs* d'Extrême-Orient, décor polychrome sur fond verdâtre.

321 — Belle et grande *potiche*, décor bleu sur fond blanc.

LAQUES, COFFRETS, MINIATURES
ET MANUSCRITS

322 — *Plumier*, laque de Perse, décor polychrome, sujets personnages, animaux et dessins.

323 — *Reliure* laque de Perse, décor polychrome fleurs.

324 — *Plumier*, laque de Perse, décor polychrome, sujets personnages.

325 — Deux petites *reliures*, laque de Perse, décor polychrome fleurs.

326 — *Reliure* laque de Perse, décor polychrome fleurs.

327 — Belle *reliure*, décor en relief noir sur fond orange doré.

328 — Petit *coffret* laque de Perse, décor polychrome, sujets personnages et fleurs.

329 — Petit *coffret*, bois incrusté ivoire et dorures.

330 — Belle et grande *reliure*, laque de Perse, décor polychrome, sujet : Bal au Palais.

331 — Deux *miniatures* encadrées.

332 — Deux *miniatures* encadrées.

333 — *Miniature* polychrome : La Vie de l'imprudent avant la mort.

334 — *Miniature* polychrome : Jugement de l'imprudent pour ses mauvais actes après la mort.

335 — *Miniature* polychrome : Bataille de cavaliers.

336 — *Miniature* polychrome : Amoureuse et ses pensées en deux poses.

337 — *Miniature* polychrome : Amoureuses et ses pensées en deux poses.

338 — *Miniature* polychrome : Moment de prière chez les persans.

339 — *Miniature* polychromes : Moment de prière chez les persans.

340 — *Miniature* polychrome : Deux femmes persanes.

341 — *Miniature* noire : Lion.

341 *bis* — *Miniature* noire : Lion.

342 — *Miniature* polychrome : Oiseau.

342 *bis* — *Miniature* polychrome : Oiseau et poisson.

343 — *Miniature* noire : Fleurs.

343 *bis* — *Miniature* polychrome : Fleurs.

344 — *Miniature* polychrome : Oiseaux et arbuste.

344 *bis* — *Miniature* polychrome : Oiseaux et animaux.

345 — *Maniature* polychrome : Papillon.

345 *bis* — *Miniature* polychrome : Oiseau.

346 — *Miniature* polychrome et dorée : Poésie de Mir. Bel encadrement.

346 *bis* — *Miniature* polychrome et dorée : Poésie de Mir. Bel encadrement.

347 — *Miniature* polychrome : Le Shah Fatali.

347 *bis* — *Miniature* polychrome : Amazone persane.

348 — *Miniature* persane noire : Bal à la Cour Royale. Bel encadrement.

348 *bis* — *Miniature* polychrome : Personnage. Bel encadrement.

349 — *Miniature* polychrome : Poésie de Mir. Bel encadrement

349 *bis* — *Miniature* polychrome : Poésies de Mir. Bel encadrement.

350 — *Coran*, belle écriture noire et rouge, dorures. Reliure cuir, ornements dorés.

351 — *Livre* de médecine.

352 — Petit *Coran*, très fine écriture, deux garde-pages polychromes. Reliure laque de Perse, décor polychrome, fleurs.

353 — *Manuscrit* avec *frontispice* et cinq *miniatures* polychromes. Reliure en cuir, ornements dorés.

354 — *Manuscrit* avec *frontispice* et quatre *miniatures* polychromes. Reliure cuir rouge, ornements dorés.

355 — *Manuscrit*, belle écriture, garde-page. Reliure cuir, ornements dorés.

356 — *Miniature* polychrome encadrée : Persane avec son enfant.

357 — *Miniature* polychrome sur ivoire : Le Shah Abbas et inscriptions. Encadrée.

358 — Deux *miniatures* polychromes.

359 — *Plumier* bois.

BRONZES DE PERSE

360 — *Verseuse*.

361 — *Brûle-parfum* avec couvercle.

362 — *Coupe*, décor ciselé et inscription persane.

363 — *Coupe*, décor ciselé et inscriptions persanes.

364 — Deux *coupes*, décor ciselé et inscriptions persanes.

365 — *Brûle-parfum* à trois pieds.

366 — *Chandelier arabe*, décor ciselé, sujets personnages.

367 — *Vase* avec couvercle, décor ciselé.

368 — *Bouteille*, décor ciselé.

TAPIS DE PERSE ET D'ORIENT

369 — *Tapis de Khorassan*, décor polychrome, fond bleu.

3m65 sur 1m75.

370 — *Tapis de Karabag*, décor polychrome, fond rouge.

1m70 sur 1m20.

371 — *Tapis de Daghestan*, fond bleu, palmettes.

1m75 sur 1m03.

372 — *Tapis de Daghestan*, décor polychrome, cinq médaillons, dessins fins.

1m70 sur 1m12.

373 — *Tapis de Koula* fond jaune.

1m65 sur 1m15.

374 — Grand *tapis de Kelim*, double face, fond bleu.

5m55 sur 2m50.

375 — Beau **tapis de Sumac**, fond rouge pâle, dessin trois grands médaillons fond bleu foncé et plusieurs petits médaillons fond rouge pâle et bleu à dessins polychromes. Belles bordures.

2m75 sur 2m.

376 — Petit *tapis Yordès*, fond beige, bordure corail.

377 — Superbe *Tapis de Bouchara*, très beau et fin dessin polychrome de carrelage sur fond grenat, large bordure, fin dessin polychrome sur fond chamois. Très intéressant tapis souple et velouté.

3m sur 2m10.

378 — *Tapis de prière* soie, très beau dessin polychrome sur fond bleu pâle. Très belle bordure large, décor polychrome sur fond crème verdâtre.

1m90 sur 1m40.

379 — Beau *tapis de Kerman*, fond beige et pâle, superbes dessins variés et médaillon. Très belle bordure.

4m sur 3m.

380 — Beau *tapis de Kerman*, fond beige et pâle, superbes dessins variés et médaillon. Très belle bordure.

3m65 sur 2m80.

381 — Beau *tapis de Chiraz*, fond bleu, desiins médaillons à décor d'oiseaux et d'animaux. Belle bordure.

Environ 2m50 sur 1m50.

382 — Beau *tapis de Chiraz*, fond vert bleu pâle, dessins médaillons à fond chamois et décor polychrome. Très belle bordure.

Environ 2m50 sur 1m60.

383 — Beau *tapis de Ferahau*, fond rouge, dessins fleurs et feuillage dits Golhenay au milieu d'arabesques. Très intéressant tapis souple et velouté avec jolis angles.

3m60 sur 2m65.

384 — *Tapis de prière de Sultanabad*, fond chocolat, dessins palmettes, jolis angles à fond bleu. Intéressante pièce souple et veloutée.

385 — Magnifique *tapis de prière* à reflets, dessins polychromes avec très beaux médaillons à fond bleu foncé et angles à fond rose pâle. Haute laine veloutée à reflets. Pièce rare et très intéressante.

386 — Très beau *tapis de Chiraz*, dessins variés à superbe médaillon et jolis angles. Haute laine souple et veloutée. Intéressante pièce.

2m10 sur 1m50

387 — Superbe *tapis de prière de Serabend*, dessin Mir à petites palmettes sur fond crème avec magnifiques médaillons et angles. Haute laine à reflets. Pièce intéressante de collection.

388 — Beau *tapis de prière Tabriz* à médaillons et angles, dessins variés. Très solide et serré tapis à très beau décor. Belle pièce.

389 — Grand *tapis* à dessin polychrome.

390 — *Tapis de prière*, dessin varié.

391 — *Tapis*, dessin polychrome.

392 — *Tapis de prière*, dessin varié.

393 — Grand *tapis*, beau dessin polychrome.

394 — Petit *tapis*, dessin polychrome.

395 — *Tapis de prière* à dessin varié.

BRODERIES, SOIERIES, BOLÉROS

ET TOILES IMPRIMÉES

396 — *Boléro*, soie verte brodée fil métal doré.

397 — *Boléro*, soierie *Zari*, brodée fil métal doré, décor polychrome, fleurs.

398 — Petit *panneau* soierie *Zari*, décor palmettes.

399 — *Panneau* soierie *Boukhara*, dessins dorés sur fond rouge brodé. Bordure rouge à fleurs polychromes.

400 — *Tunique de dame*, velours rouge brodé fil doré.

401 — Petit *panneau*, soierie de *Boukhara*, fleurs polychromes et dessins dorés sur fond argent.

402 — Belle *bande* longue de *Boukhara* veloutée, beau dessin polychrome, haute laine. Très intéressante et décorative pièce.

Long. : 12m75.

403 — Cinq pièces : trois échantillons de *gilets persans* et deux petits *panneaux* brodés.

404 — Petit *panneau* soie crème brodée fil doré, perles, tresses et velours appliqué.

405 — *Tapis de prière*, toile imprimée ancienne, beau décor polychrome, palmettes, peasonnages, animaux, oiseaux, fleurs et feuillage. Pièce doublée.

406 — *Tapis de prière*, toile imprimée ancienne, beau décor polbchrome, grande palmette et dessins. Pièce doublée.

407 — *Tapis de prière*, toile imprimée ancienne, beau décor polychrome, grande palmette, deux oiseaux de paradis, fleurs et dessins. Pièce doublée.

407 *bis* — *Panneau*, dessin oiseaux.

408 — Grand *panneau*, toile imprimée ancienne, très beau décor polychrome, animaux, oiseaux et fleurs. Pièce doublée.

408 *bis* — Beau *panneau*, toile imprimée, dessins variés et oiseaux sur fond doré.

409 — *Panneau* carré, toile imprimée ancienne, très beau décor polychrome, cavaliers, soldats et animaux. Pièce doublé.

409 *bis* — Beau *tapis de prière*, toile imprimée d'Ispahan, dessins variés.

410 — Trois petits *tapis de prière*, toile imprimée, décor polychromes. Pièces doublées.

410 *bis* — Beau *panneau*, toile imprimée, dessins oiseaux de paradis et grande palmette.

411 — Beau *panneau*, toile imprimée.

411 *bis* — Deux grands *rideaux*, toile imprimée, d'Ispahan.

Long. : 3 m.

OBJETS DIVERS

412 — *Révolver-pistolet.*

413 — *Presse-papier* forme canard. Albâtre.

414 — Trois *flacons* à parfum, jade.

415 — Deux *boites* à poudre, émail, décor polychrome, sujet femme, sur fond blanc.

416 — Trois *modèles* de calligraphie arabe.

417 — Trois *modèles* de calligraphie arabe.

418 — Quatre *modèles* de calligraphie arabe.

419 — *Manche* de parapluie, poignée buste de femme, corail.

420 — *Manche* d'ombrelle, poigné ambre ancien.

421 — *Cadre* peint or à décor polychrome.

422 — Deux *cadres* peint or à décor polychrome.

423 — Deux petits *cadres*, beaux dessins.

424 — Quatre grandes *cuillères*, bois finement sculpté.

425 — Vingt petits *bois* turquoise à deux points.

426 — Seize *bagues* montées turquoises et agates.

427 — Huit *cachets* agate finement gravés.

427 *bis* — Dix *agates* finement gravées.

428 — Dix *turquoises* gravées d'or.

429 — Dix *monnaies* anciennes en argent.

429 *bis* — Dix *agates*.

430 — Trois *paquets de turquoises*.

431 — Deux grandes *turquoises* gravées d'or.

432 — *Yatagan* incrusté d'or, manche ivoire.

433 — *Sabre* damasquiné.

434 — *Cuvette* cuivre étamé, dessins variés.

435 à 439 — Objets omis.

www.ingramcontent.com/pod-product-compliance
Lightning Source LLC
LaVergne TN
LVHW010009230826
846092LV00002B/723